Petit monde vivant

LES SAUMONS

P9-BVG-658

MAY 2 9 2009

OAK RIDGES MORAINE
905-773-5533

BOOK SOLD
NO LONGER R.H.P.L.
PROPERTY

Bobbie Kalman et Rebecca Sjonger

Traduction : Marie-Josée Brière

Les saumons est la traduction de *The Life Cycle of a Salmon* de Bobbie Kalman et Rebecca Sjonger (ISBN 978-0-7787-0705-9).
© 2007, Crabtree Publishing Company, 612 Welland Ave., St.Catherines, Ontario, Canada L2M 5V6

Catalogage avant publication de Bibliothèque et Archives nationales du Québec et Bibliothèque et Archives Canada

Kalman, Bobbie, 1947-

    Les saumons

    (Petit monde vivant)
    Traduction de : The life cycle of a salmon.
    Pour enfants de 6 à 10 ans.

    ISBN 978-2-89579-180-5

1. Saumons - Cycles biologiques - Ouvrages pour la jeunesse. 2. Saumons - Ouvrages illustrés - Ouvrages pour la jeunesse. I. Sjonger, Rebecca. II. Titre. III. Collection : Kalman, Bobbie, 1947- . Petit monde vivant.

QL638.S2K3414 2008   j597.5'6   C2007-942480-5

Recherche de photos
Crystal Foxton

Illustrations
Margaret Amy Salter, sauf : Barbara Bedell : pages 18 (en haut), 22 (crevettes) et 23 (épaulard) ; Dianne Rome Peebles :
page 22 (hareng) ; Tiffany Wybouw : page 23 (dauphin à gros nez)

Photos
Steven Kazlowski/Peter Arnold/Alpha Presse : page 28 (en haut) ; Kevin Schafer/Peter Arnold/Alpha Presse : page 24 ; © Bernard, George/Animals Animals – Earth Scenes : page 10 ; Bruce Coleman Inc. : Brandon Cole : page 30 ; © Natalie Fobes : page titre, pages 3, 5, 6, 18, 20, 22 (en bas), 23, 25 (en haut), 26 (en haut), 27 et 28 (en bas) ; iStockphoto.com : Christine Davis : page 11 ; Photo Researchers, Inc. : Hervé Berthoule/Jacana : page 12 (en bas) ; David R. Frazier : page 29 ; SeaPics.com : © Patrick Clayton : page 15 ; © Mark Conlin : page couverture ; © Daniel W. Gotshall : pages 4 et 7 (en bas) ; © Chris Huss : pages 12 (en haut), 19 (en haut), 21 (en haut) et 26 (en bas) ; © Steven Kazlowski : page 31 (en haut) ; © Jeff Mondragon : pages 16 et 19 (en bas)
Visuals Unlimited : Ken Lucas : page 22 (en haut) ; Marli Miller : pages 7 (en haut) et 21 (en bas) ; Glenn M. Oliver : page 14 (à gauche)
Autres photos : Adobe Image Library, Digital Vision et Photodisc

Nous reconnaissons l'aide financière du gouvernement du Canada par l'entremise du Programme d'aide au développement de l'industrie de l'édition (PADIÉ) pour nos activités d'édition.

Conseil des Arts   **Canada Council**
du Canada   **for the Arts**

Bayard Canada Livres Inc. remercie le Conseil des Arts du Canada du soutien accordé à son programme d'édition dans le cadre du Programme des subventions globales aux éditeurs.

Cet ouvrage a été publié avec le soutien de la SODEC. Gouvernement du Québec – Programme de crédit d'impôt pour l'édition de livres – Gestion SODEC.

Dépôt légal – 1ᵉ trimestre 2008
Bibliothèque nationale du Québec
Bibliothèque nationale du Canada

Direction : Andrée-Anne Gratton
Traduction : Marie-Josée Brière
Graphisme : Mardigrafe
Révision : Johanne Champagne

© Bayard Canada Livres inc., 2008
4475, rue Frontenac
Montréal (Québec)
Canada H2H 2S2
Téléphone : 514 844-2111 ou 1 866 844-2111
Télécopieur : 514 278-3030
Courriel : edition@bayard-inc.com

Imprimé au Canada

www.sanslimites.info

Sur le site Internet :

Fiches d'activités pédagogiques
en lien avec tous les albums des collections Petit monde vivant et Le raton laveur

Catalogue complet

Table des matières

RICHMOND HILL

MAY 2 9 2009

OAK RIDGES MORAINE
905-773-5533

Qu'est-ce qu'un saumon?

Les saumons sont des poissons. Ce sont des vertébrés, ce qui veut dire qu'ils ont au milieu du dos une série d'os qu'on appelle une « colonne vertébrale ». Comme la plupart des poissons, les saumons ont un squelette dur. On dit que ce sont des poissons osseux.

Les saumons, comme ceux-ci, sont des poissons osseux, tout comme les poissons-clowns, les anguilles, les poissons rouges et la plupart des autres poissons.

Du sang-froid

Les poissons sont des animaux à sang froid. La température de leur corps varie selon la température qu'il fait autour d'eux. Elle est donc moins élevée dans l'eau froide que dans l'eau chaude.

Ce saumon rose nage dans une rivière où l'eau est froide.

Les cousins du saumon

Le saumon fait partie de la famille des salmonidés, à laquelle appartiennent aussi l'ombre, le corégone, l'omble et la truite. Le saumon et la truite sont très proches parents. Certains scientifiques disent même que la truite est une espèce de saumon !

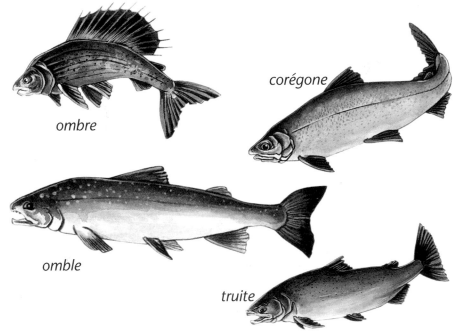

ombre

corégone

omble

truite

5

Eau douce et eau salée

Les jeunes saumons vivent en eau douce.

L'habitat d'un animal, c'est l'endroit où il vit dans la nature. Pour certains poissons, cet habitat se trouve en eau douce, c'est-à-dire dans les lacs et les rivières. Pour d'autres, il est dans l'océan, où l'eau est salée. Comme son nom le dit, l'eau salée contient beaucoup plus de sel que l'eau douce. La plupart des poissons d'eau douce ne peuvent pas survivre dans l'eau salée, et la plupart des espèces d'eau salée peuvent survivre uniquement dans l'océan.

Des poissons exceptionnels

Les saumons, eux, passent une partie de leur existence dans l'eau douce et une partie dans l'eau salée. Après avoir grandi dans les lacs et les rivières d'eau douce, la plupart s'en vont vivre dans l'océan une fois adultes. On trouve des saumons en Amérique du Nord, en Europe et en Asie.

Ce saumon adulte vit dans un habitat d'eau salée.

Une étape importante

Les saumons ne peuvent toutefois pas passer directement de l'eau douce à l'eau salée. Ils doivent d'abord traverser un estuaire. C'est l'endroit où un fleuve se jette dans l'océan. Dans un estuaire, l'eau douce et l'eau salée se mélangent. Le saumon peut ainsi s'habituer à l'eau salée avant d'entrer dans l'océan. Les saumons séjournent aussi dans un estuaire pour s'adapter à l'eau douce avant de retourner dans les lacs et les rivières.

Avant d'entrer dans l'océan, les saumons passent par un estuaire comme celui du fleuve Umpqua, en Oregon.

Dans l'eau douce

Certains saumons sont confinés aux eaux intérieures. Ils vivent dans des lacs et des rivières qui ne sont pas reliés à un océan. Ils passent donc toute leur existence en eau douce, souvent dans des endroits profonds et froids.

On appelle parfois « saumons de lac » les saumons qui vivent toujours en eau douce, comme ce kokani.

Les espèces de saumons

Il existe huit espèces principales de saumons : le saumon de l'Atlantique, le quinnat, le kéta, le saumon rose, le sockeye, le coho, le saumon arc-en-ciel et le masou. Les saumons de l'Atlantique passent une partie de leur vie en eau douce et une partie dans l'océan Atlantique. Les sept autres espèces forment le groupe de ce qu'on appelle les « saumons du Pacifique ». Ces poissons partagent leur existence entre l'eau douce et l'océan Pacifique.

Les saumons de l'Atlantique sont les moins nombreux de toutes les espèces de saumons d'Amérique du Nord.

Les quinnats sont les plus gros de tous les saumons. Ils peuvent mesurer un mètre et demi de longueur et peser une soixantaine de kilos !

Les saumons kétas sont parfois multicolores.

Les sockeyes sont aussi appelés « saumons rouges » parce qu'ils prennent une teinte rouge vif.

Les saumons roses sont les plus petits. Ils mesurent un peu plus de 50 centimètres de long et pèsent souvent moins de deux kilos.

On appelle parfois les cohos « saumons argentés » à cause de leur couleur.

Les saumons arc-en-ciel portent également le nom de « truites arc-en-ciel ». Ils sont toutefois plus proches parents du saumon que de la truite.

On appelle aussi les masous « saumons japonais » parce qu'ils vivent surtout dans les eaux entourant le Japon.

Le corps du saumon

Le saumon a le corps mince et effilé. Cette forme lui permet de se déplacer facilement dans l'eau. Il nage à l'aide de nageoires, qu'il fait bouger grâce à ses muscles bien développés. Ces muscles lui donnent aussi beaucoup de puissance. Le saumon est un excellent nageur !

Le saumon a deux nageoires pectorales sur la poitrine.

Les branchies du saumon sont protégées par une couche de peau appelée « opercule ».

Les naris, qui ressemblent à des narines, permettent au saumon de sentir.

La couleur des gencives varie selon les espèces.

La barrière des branchies

Comme tous les poissons, les saumons ont des branchies qui leur permettent de respirer sous l'eau. L'eau entre dans leur corps par leur bouche et en ressort par leurs branchies. Quand l'eau passe au travers des branchies, celles-ci en retiennent l'oxygène. L'oxygène est un gaz qu'on trouve dans l'air et dans l'eau, et que tous les animaux doivent respirer pour vivre.

Le saumon a une nageoire dorsale sur le dos.

Les écailles de poisson ressemblent à une armure.

Une armure solide

Le corps du saumon est couvert de minces écailles dures. Ces écailles le protègent quand il se frotte, par exemple, contre des pierres rugueuses. Elles sont enduites d'une substance gluante appelée « mucus », qui aide le poisson à glisser dans l'eau.

Le saumon a une petite nageoire **adipeuse** entre la nageoire dorsale et la nageoire caudale.

La nageoire pelvienne se trouve sur le ventre du saumon.

Le saumon a aussi sur le ventre, près de la queue, une puissante nageoire anale.

La nageoire qui forme la queue du saumon porte le nom de « nageoire caudale ».

Qu'est-ce qu'un cycle de vie ?

Les saumons de toutes les espèces ont un cycle de vie semblable.

Le plus vieux saumon de l'Atlantique jamais recensé était âgé de 13 ans !

Tous les animaux passent par une série de changements qu'on appelle un « cycle de vie ». Après leur naissance ou leur éclosion, ils grandissent, se transforment et deviennent adultes. Ils peuvent alors se reproduire, c'est-à-dire faire des bébés avec un autre animal de la même espèce.

L'espérance de vie

L'espérance de vie est la durée moyenne de la vie d'un animal. Chez les saumons, elle varie selon les espèces. Par exemple, elle est de deux à quatre ans pour les cohos, et de trois à six ans pour les quinnats. Les saumons de l'Atlantique ont généralement une espérance de vie plus longue que ceux du Pacifique. La plupart vivent environ six ans.

Le cycle de vie du saumon

Les saumons commencent leur vie dans un œuf. Ils s'y développent à l'état d'embryons. Quand ils sortent de leur œuf, ce sont des alevins. Ces minuscules poissons ne savent pas encore nager. Après un mois environ, ils deviennent des fretins; ils sont alors capables de nager et de trouver à manger. Les fretins de certaines espèces développent des marques particulières; on les appelle des « tacons ». Quand les fretins et les tacons sont prêts à quitter leur habitat en eau douce, ils prennent le nom de « saumoneaux ». Ils partent alors vers l'eau salée, où ils continuent de se développer. Lorsqu'ils ont atteint leur taille définitive, les saumons retournent dans l'eau douce, où ils deviennent adultes.

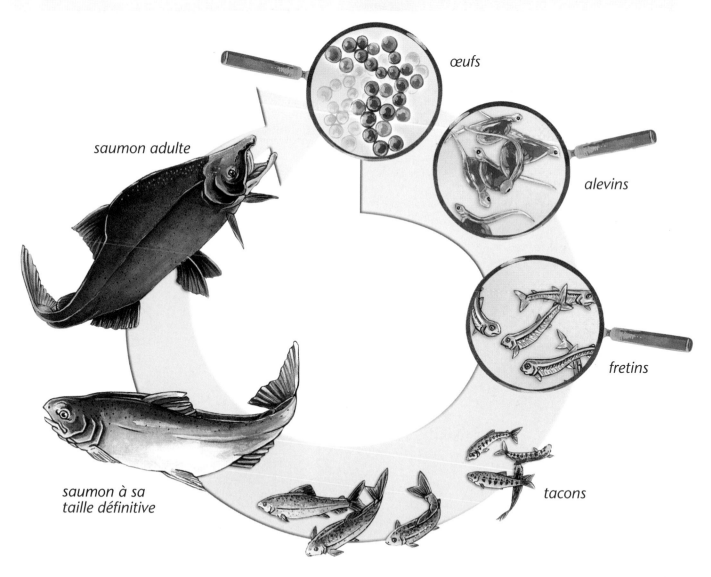

œufs

alevins

fretins

tacons

saumoneaux

saumon à sa taille définitive

saumon adulte

Œufs et embryons

La femelle saumon pond ses œufs dans une **frayère**. Elle creuse un nid avec sa queue dans le gravier qui tapisse le fond d'un ruisseau ou d'une rivière. Les œufs se mêlent au gravier, de sorte que les animaux affamés ne peuvent pas les voir. Comme ils baignent dans l'eau courante, ils restent propres et bien au frais.

Les œufs de saumons doivent baigner dans une eau propre et fraîche pour que les embryons puissent s'y développer en bonne santé.

Des arbres utiles

Les arbres qui poussent au bord des rivières et des ruisseaux aident à protéger les œufs. Comme leurs racines empêchent la terre de glisser, l'eau qui coule autour des œufs reste toujours propre. Ces arbres fournissent aussi de l'ombre qui garde les œufs au frais.

En développement

Les femelles saumons pondent de petits œufs mous, de couleur rouge orangé. Chacun de ces œufs contient un embryon, auquel est rattaché un sac vitellin. Ce sac contient le jaune dont l'embryon se nourrira. Quand l'embryon grossit, ses deux gros yeux noirs deviennent visibles à travers la membrane de l'œuf. La plupart des embryons restent dans leur œuf un à deux mois, mais certains se développent plus lentement. Ceux qui se trouvent dans une eau très froide peuvent prendre jusqu'à cinq mois avant d'éclore.

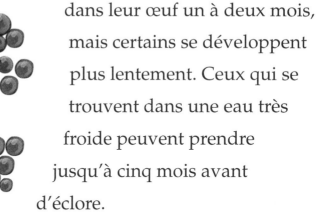

Un monde dangereux

Les œufs de saumons sont exposés à de nombreux dangers, même dans la sécurité de la frayère. Si un animal dérange le nid, les délicats embryons qui s'y trouvent peuvent mourir. Divers poissons, comme les truites, fouillent dans les frayères et mangent les œufs. Il arrive aussi que les femelles aménagent leur frayère dans une eau trop peu profonde, qui s'assèche quand le temps se réchauffe. Les embryons ne peuvent pas survivre si leurs œufs sont en dehors de l'eau.

Certains oiseaux, comme les canards, et certains poissons, comme cette truite, mangent des œufs de saumons quand ils en trouvent.

Les alevins

Au début du printemps, de nombreux alevins sortent des œufs. Ils ne ressemblent pas du tout aux saumons adultes. Ils ont un corps minuscule, d'à peine 2,5 centimètres de long. Ils n'ont pas de nageoires et ne peuvent donc pas nager. Ils se servent de leur toute petite queue pour se propulser dans l'eau sur de courtes distances.

Soyons discrets !

Les alevins ont de nombreux prédateurs parmi les poissons et les oiseaux. Les prédateurs sont des animaux qui en chassent d'autres pour se nourrir. Les alevins se protègent en restant dans leur frayère. Dans le gravier, les prédateurs ont du mal à les distinguer.

Un sac-repas

Les alevins n'ont pas besoin de chercher leur nourriture. Ils trouvent tous les **nutriments** dont ils ont besoin dans le sac vitellin fixé sous leur corps. Grâce à ces éléments nutritifs, les alevins grossissent rapidement.

Adieu, frayère !

Après quatre à six semaines, les alevins ont mangé tout le jaune que contenait le sac vitellin. Leurs nageoires sont maintenant assez développées pour leur permettre de sortir de la frayère, à la recherche de nourriture. En quittant la frayère où ils ont éclos, les jeunes saumons entreprennent une nouvelle étape de leur cycle de vie.

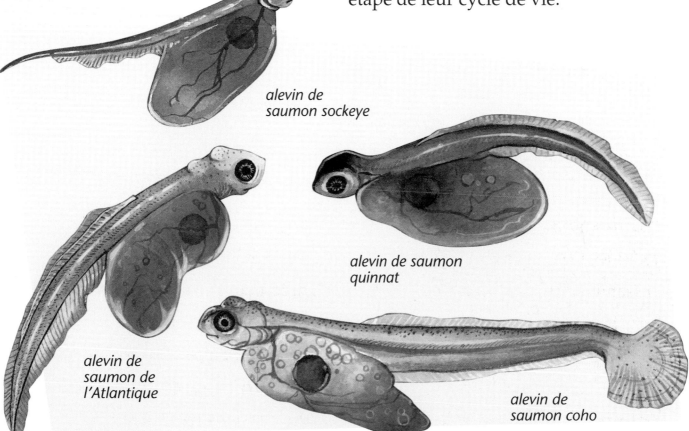

alevin de
saumon sockeye

alevin de saumon
quinnat

alevin de
saumon de
l'Atlantique

alevin de
saumon coho

Tous les alevins ont un sac vitellin. Ce sac rapetisse à mesure que les alevins grossissent. Une fois vide, il est intégré à leur corps.

Fretins et tacons

Quand les jeunes saumons sortent de leur frayère pour chercher à manger, on dit que ce sont des « fretins ». Ils ont des nageoires, des dents et des écailles. Deux fois plus gros que les alevins, ils doivent manger beaucoup pour poursuivre leur croissance. Au début, la plupart se nourrissent de plancton ; ce sont des plantes et des animaux minuscules en suspension dans l'eau. Les fretins commenceront un peu plus tard à manger des aliments plus gros, par exemple des insectes et des œufs de poissons.

Ces fretins de saumons cohos mangent du plancton tout en nageant.

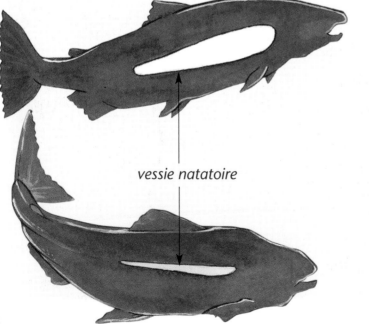

vessie natatoire

La vessie natatoire

Quand les fretins commencent à nager, ils se servent de leur vessie natatoire pour la première fois. C'est une poche semblable à un ballon, à l'intérieur de leur corps, qui leur permet de flotter. Grâce à cette vessie natatoire, ils peuvent monter et descendre dans l'eau. Pour monter vers la surface, ils aspirent de l'air par la bouche, et cet air s'en va dans la vessie natatoire. Quand ils expulsent une partie de cet air par leurs branchies, ils descendent vers le fond.

En sécurité

Les oiseaux et les gros poissons mangent souvent des fretins. Pour se protéger des prédateurs, les petits poissons nagent en bandes qu'on appelle des « bancs ». Dans ces bandes où ils se regroupent par centaines, les fretins sont en sécurité. Les prédateurs croient qu'il s'agit d'un seul gros poisson, et ils les laissent tranquilles !

Des marques protectrices

Après quelques mois, les fretins de la plupart des espèces deviennent des tacons. Les tacons ont des marques ovales sombres sur le corps. Ces marques leur servent de camouflage pour se cacher dans les pierres et les herbes de leur habitat en eau douce. Le camouflage des animaux, ce sont des couleurs, des motifs ou des **textures** qui les aident à se confondre avec leur environnement. Les fretins de certaines espèces, comme le saumon rose, ne présentent pas de marques de ce genre. Ils ne portent donc jamais le nom de « tacons ».

En nageant en banc, ces petits quinnats sont plus en sécurité qu'ils le seraient chacun de leur côté.

Grâce à ses taches noires, ce tacon échappe facilement à l'attention des prédateurs.

Les saumoneaux

Quand les fretins et les tacons sont prêts à quitter l'eau douce, ils peuvent mesurer de 2,5 à 15 centimètres et pèsent moins de 115 grammes. On les appelle alors des« saumoneaux ». Ils ressemblent aux saumons adultes, mais en plus petit. Les marques de camouflage qu'ils portaient à l'état de tacons ont disparu. Ils ont pris une teinte argentée, qui les aidera à se camoufler dans l'océan.

Un grand voyage

Les saumoneaux quittent leur habitat en eau douce pour aller se nourrir dans l'eau salée. Ils entreprennent ainsi un long voyage qu'on appelle la « migration ». Ceux de certaines espèces, par exemple les kétas, se déplacent au cours des premiers mois de leur vie. D'autres, comme les saumons de l'Atlantique, vivent en eau douce jusqu'à trois ans avant d'entreprendre leur migration.

Suivre le courant

Les saumoneaux migrent vers l'eau salée en suivant le courant, c'est-à-dire le mouvement naturel de l'eau dans une direction donnée. Le courant des rivières coule vers l'océan. Les saumons le suivent jusqu'à l'estuaire.

Ces saumoneaux entrent dans un estuaire.

La vie dans l'estuaire

Les saumoneaux passent quelque temps dans l'estuaire. Avant d'entrer dans l'océan, ils doivent s'habituer à l'eau saléc. Comme il y a généralement de la nourriture en abondance dans ces endroits, ils grossissent et prennent de la force rapidement. Il arrive toutefois que les eaux de l'estuaire montent trop et débordent dans l'océan. Si cela se produit avant que les saumoneaux soient prêts à survivre dans l'eau salée, ils peuvent être balayés trop tôt dans l'océan et en mourir.

Beaucoup de saumoneaux passent par cet estuaire, en Californie, pour se rendre dans l'océan Pacifique.

Dans l'océan

À leur arrivée dans l'eau salée, les saumoneaux sont devenus des saumons. Ils peuvent parcourir plus de 1 600 kilomètres pour trouver des proies dans l'océan. Les proies sont des animaux que les prédateurs chassent pour manger. Grâce à leur odorat et à leur vue bien développés, les saumons trouvent différents types de proies dans l'océan : des poissons comme les harengs, des **crustacés** comme les crevettes, et des animaux plus gros comme les calmars. Les saumons grossissent rapidement dans leur nouvel habitat en eau salée. Ils atteignent bientôt leur taille définitive.

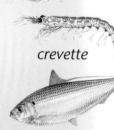

crevette

hareng

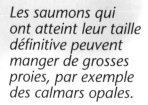

Les saumons qui ont atteint leur taille définitive peuvent manger de grosses proies, par exemple des calmars opales.

La plupart des saumons vivent en haute mer, mais les cohos restent le plus souvent près des côtes.

Combien de temps ?

La durée du séjour des saumons dans l'océan varie selon les espèces. Les masous, par exemple, passent souvent un seul hiver dans l'eau salée, tandis que les quinnats comme celui-ci peuvent y rester sept ans.

Un bon camouflage

Pour échapper aux prédateurs, les saumons qui ont atteint leur taille définitive ont une excellente façon de se camoufler. Ils ont le dos foncé et le ventre pâle. Grâce à ces couleurs contrastées, ils sont difficiles à distinguer dans les profondeurs de l'océan. Un prédateur qui nagerait dans des eaux plus profondes qu'un saumon ne le remarquerait probablement pas en regardant vers le haut puisque le ventre et les flancs pâles du saumon se confondent avec la surface de l'eau, éclairée par le soleil. Et un prédateur qui nagerait plus haut ne le verrait pas très bien non plus puisque le dos foncé du saumon ne ressort pas sur le fond sombre de l'océan.

Beaucoup de poissons de mer, comme ce saumon rose, ont le dos et le ventre de couleurs contrastées.

De nouveaux prédateurs

Une fois dans l'océan, les poissons trouvent facilement des proies, mais ils doivent également affronter de nouveaux prédateurs. En effet, beaucoup d'animaux marins mangent des saumons. C'est le cas notamment des dauphins, des otaries, des phoques, des requins et des baleines. Les oiseaux de mer descendent parfois en piqué pour attraper ceux qui nagent à la surface de l'océan.

dauphin à gros nez

requin-taupe du Pacifique

épaulard

La montaison

Après un à sept ans de croissance dans l'océan, les saumons ont atteint leur taille définitive et sont presque adultes. Avant de pouvoir s'accoupler, ils doivent toutefois retourner à l'endroit où ils sont nés. Ce long voyage périlleux s'appelle la « montaison ». Beaucoup de saumons entreprennent cette montaison à l'automne. Il leur faut parfois des mois pour arriver à destination.

De retour dans l'estuaire

Les saumons repassent par l'estuaire qu'ils ont traversé pour se rendre à l'océan. Les scientifiques pensent qu'ils se laissent guider par leur odorat afin de savoir où aller. Ils s'arrêtent quelque temps dans l'estuaire pour laisser leur corps s'adapter à l'eau douce, tout comme ils l'ont fait pour s'habituer à l'eau salée quand ils étaient des saumoneaux.

Ces saumons, qui ont atteint leur taille définitive, retournent en eau douce à l'endroit où ils sont nés.

Un long voyage

Pendant la montaison, les saumons doivent remonter le courant. Comme il est difficile de nager à contre-courant, ils cessent de manger durant le trajet et consacrent toutes leurs énergies à ce voyage exigeant. Une fois la montaison terminée, ils sont devenus adultes.

*Chez les espèces comme le sockeye, le **museau** des mâles prend la forme d'un crochet pendant la montaison.*

D'excellents nageurs !

Quand ils remontent le courant, les saumons se servent de leurs nageoires puissantes, et en particulier de leur queue, pour se propulser dans l'eau. Ils réussissent à franchir de nombreux obstacles, comme des billes de bois et des rochers. Ils peuvent même remonter des chutes ! Plusieurs prédateurs, comme les ours, les oiseaux et les loutres, chassent le long des rivières et des ruisseaux où nagent les saumons. Quand ceux-ci bondissent dans les airs, les prédateurs les attrapent.

Cet ours grizzly vient d'attraper un saumon au vol.

Le temps du frai

Avant de se reproduire, les saumons changent de couleur pour la dernière fois de leur cycle de vie. Leur corps se pare de couleurs vives pendant la montaison, pour attirer des partenaires et parfois aussi pour écarter les autres poissons. Une fois qu'ils ont atteint la frayère où ils sont nés, ils n'ont plus du tout la même apparence que dans l'océan.

Le corps des sockeyes adultes change de couleur, mais pas leur tête.

Les préparatifs

Le mode de reproduction des saumons s'appelle le « frai ». La femelle commence par creuser, avec sa queue, une frayère peu profonde où elle dépose ses œufs. Les mouvements qu'elle fait en creusant attirent les saumons mâles. Un de ces mâles nage sur la frayère et **féconde** les œufs. La femelle agite ensuite la queue pour recouvrir les œufs fécondés de gravier. Si elle a encore des œufs à pondre, elle pourra creuser d'autres frayères. C'est le même mâle qui fécondera ces œufs.

Les femelles saumons pondent de 1 500 à 10 000 œufs à chaque frai.

La fin du cycle

Après la montaison et le frai, les saumons sont affamés et épuisés. Ils restent parfois quelque temps près des œufs pour les protéger, mais ils mourront bien avant l'éclosion des alevins. Le corps des saumons morts se décompose lentement dans l'eau qui entoure les œufs.

En se décomposant, la carcasse des saumons libère des éléments nutritifs dans l'eau, ce qui est bon pour la santé des œufs, des alevins et des fretins.

Des exceptions à la règle

Les saumons arc-en-ciel et les saumons de l'Atlantique ne meurent pas toujours après le frai. Ils se reposent un peu, puis ils retournent dans l'eau salée, où ils atteignent parfois des tailles considérables. Certains de ces saumons peuvent retourner à leur frayère une deuxième ou même une troisième fois.

On appelle « saumons vides » ou « saumons noirs » les saumons de l'Atlantique qui retournent dans l'eau salée après avoir frayé. Leur corps est plus foncé que celui des autres individus de leur espèce.

De nombreux dangers

Le filet de ce pêcheur est rempli de cohos.

Certains comportements des humains menacent les populations de saumons. Une population, c'est le nombre total d'individus d'une espèce qui vivent au même endroit. La surpêche, c'est-à-dire la capture d'un trop grand nombre de poissons d'une même espèce dans une région donnée, est particulièrement dommageable. Quand il y a de la surpêche, les saumons capturés chaque année sont plus nombreux que les alevins qui éclosent pendant la même période. Par conséquent, les populations de saumons diminuent.

Les piscicultures

Il y a des gens qui élèvent des saumons dans des piscicultures pour les vendre sur les marchés d'alimentation. Les saumons y sont entassés en très grand nombre dans des cages submergées. Il arrive que de gros saumons d'élevage s'échappent de leur cage et mangent toutes les proies des saumons sauvages, plus petits. Ces saumons échappés peuvent aussi transmettre des maladies aux saumons sauvages, qui risquent d'en mourir.

Des eaux sales

Les humains détruisent parfois les habitats des saumons, par exemple quand ils défrichent des terres. Défricher un endroit, c'est y arracher les arbres et les autres plantes. Ce processus fait glisser beaucoup de terre dans les cours d'eau et rend l'eau boueuse. Or, les alevins et les fretins ne peuvent pas survivre dans une eau trouble. Les humains polluent aussi parfois l'eau dans laquelle vivent les saumons. Quand l'eau est trop sale, les saumons risquent de tomber malades ou même de mourir.

Des routes barrées

Quand les humains construisent des **barrages** sur les rivières pour y contrôler l'écoulement de l'eau, les saumons qui suivent ces rivières pendant la montaison ne peuvent pas rejoindre leur frayère et s'y reproduire avant de mourir. Les populations de saumons sont donc moins nombreuses puisque moins d'œufs sont pondus chaque année.

*Les saumons peuvent être blessés ou tués s'ils nagent dans les **turbines** d'un barrage.*

Pour aider les saumons

Les **groupes écologistes** travaillent à la protection des saumons et de leurs habitats. Les membres de ces organisations cherchent à sensibiliser les gouvernements et les populations aux dangers qui menacent les saumons. Par exemple, ils ont convaincu les gouvernements du Canada et des États-Unis d'adopter des lois et de créer des programmes pour protéger les saumons et leurs habitats.

Des échelles à grimper

Les gens qui construisent des barrages y intègrent parfois des passes migratoires comme celle qu'on voit à droite. Ce sont des échelles qui permettent aux saumons de contourner les barrages. Les saumons les plus forts sont capables de gravir ces échelles, mais les plus faibles n'y arrivent pas toujours. À certains endroits, on capture ces saumons pour les transporter de l'autre côté du barrage. Certaines personnes réclament toutefois qu'on cesse de construire des barrages sur les routes migratoires des saumons.

Une bonne idée

Les écloseries sont des endroits créés par les humains pour assurer le développement et l'éclosion des œufs de poissons. C'est une façon d'augmenter le nombre de saumons à l'état sauvage, en libérant de jeunes saumons dans la nature. Il ne faut toutefois libérer les saumons que dans un endroit où il n'y en a pas déjà. Il faut aussi limiter le nombre d'individus dans un même habitat. Autrement, il n'y aura pas suffisamment de nourriture pour tous.

Ces hommes travaillent dans une écloserie de saumons.

Comment aider ?

Il y a différentes façons d'aider les saumons. Si tu habites près d'un endroit où ils vivent, tu pourrais lancer un projet de nettoyage des rivières et des ruisseaux de ta région. Sinon, tu peux quand même te rendre utile en nettoyant les étangs et les ruisseaux près de chez toi. L'eau voyage en effet d'un cours d'eau à l'autre. Tes efforts pourraient donc profiter à des saumons qui vivent très, très loin !

Glossaire

adipeux Qui renferme de la graisse

barrage Structure qui empêche l'écoulement de l'eau

côte Zone de terres située au bord d'un plan d'eau

crustacé Animal qui a une carapace dure, et au moins quatre paires de pattes et deux paires d'antennes

féconder Ajouter du sperme dans un œuf pour qu'un embryon puisse se développer

frayère Nid peu profond que les femelles saumons creusent dans le gravier

groupe écologiste Groupe de gens qui cherchent à protéger les animaux et leurs habitats

museau Nez et mâchoire proéminents sur la face d'un animal

nutriments Substances naturelles dont les animaux ont besoin pour grossir et être en santé

texture Apparence d'une surface et impression qu'elle laisse au toucher – rugueuse ou lisse, par exemple

turbine Moteur composé d'une roue qui tourne

Index